Wilhelm Deeke

Aus meinen Erinnerungen an Emanuel Geibel

Wilhelm Deeke

Aus meinen Erinnerungen an Emanuel Geibel

ISBN/EAN: 9783744618618

Hergestellt in Europa, USA, Kanada, Australien, Japan

Cover: Foto ©ninafisch / pixelio.de

Weitere Bücher finden Sie auf **www.hansebooks.com**

Aus meinen Erinnerungen

an

Emanuel Geibel.

Von

W. Deecke, Dr.,

Direktor des Gymnasiums in Buchsweiler, früher des Lyceums
in Straßburg.

Weimar
Hermann Böhlau
1885.

Nachstehende Blätter enthalten den Vortrag, welchen ich am 3. Januar d. J. in Straßburg i. E. zum Besten des Geibel-Denkmals gehalten habe. Die nahen Beziehungen, in welchen ich zu Geibel während eines Zeitraumes von fünfundzwanzig Jahren stand, machten es mir möglich, über manches noch nicht Bekannte aus seinem Leben zu berichten und manchen Zug in das Dichterbild einzutragen, welcher diesem mehr Leben verleiht. So darf ich hoffen, daß das Büchlein auch dem weiteren Kreise der Freunde und Verehrer des Heimgegangenen eine nicht unwillkommene Gabe sein wird.

D.

Am Palmsonntage, dem 6. April des eben zu Ende gegangenen Jahres, starb in der alten Hansastadt Lübeck nach längerem Leiden eines doch unerwartet raschen Todes Emanuel Geibel, in den letzten Jahren als erster der lebenden Dichter anerkannt. Es geschah daher zu allgemeiner Befriedigung, daß seine Vaterstadt, deren Ehrenbürger er war, die Beerdigung auf ihre Kosten übernahm und in feierlichster Weise durchführte. In St. Marien, der majestätischen Hauptkirche der Stadt, fand am 12. April in Gegenwart zahlreicher, aus allen Gegenden Deutschlands herbeigeeilter Deputationen und Celebritäten der Trauergottesdienst statt, den ein Schwager des Verstorbenen, der Hauptpastor Trummer, leitete, während die einzige Tochter des Dichters mit sechs Enkeln, die Palmen trugen, am Sarge stand. Während dann der Trauerzug hinter dem mit schwarzverhängten Rossen bespannten Leichenwagen langsam durch die breiten, hochgiebligen Straßen dahinzog, in denen alle Fenster mit dunkelgekleideten Gestalten besetzt waren, wogte das Glockengeläute von allen Kirchthürmen durch die Luft; das Rathhaus, die Privatgebäude, die

Schiffe hatten halbstock geflaggt, die Wachen präsentirten. Schweigend, in ehrfurchtsvoller Andacht, bildeten dichte Menschenmassen Spalier bis zu dem herrlichen, mit köst= lichen Lindenalleen umgebenen Friedhofe vor dem thurm= gekrönten Burgthore. Alle Geschäfte waren an jenem Tage geschlossen, in tiefer Ruhe lagen Markt und Hafen, die Behörden, die Gewerke, die Vereine nahmen vollzählig an dem Zuge Theil. Als die Friedhofspforte erreicht war, trugen zwölf Mitglieder des Kriegervereins, der auch in der vorhergehenden Nacht in St. Marien für den Dichterherold des deutschen Kaiserthums feierliche Grab= wache gehalten hatte, den Sarg, der die große Menge der Palmen und Kränze nicht faßte, zur Gruft. Die Zipfel des Bahrtuches hielten der Schwiegersohn des Ver= storbenen Dr. jur. Fehling, und drei literarische Größen verschiedenster Richtung: Klaus Groth, Hans Hopfen und Paul Lindau. Die Kaiserin hatte zum Trauertage ein Beileidsschreiben an den vertrauten Freund Geibels, Ernst Curtius, gerichtet; unter den Kränzen befand sich einer vom kronprinzlichen Paare, mit dem der Dichter in mannig= fachem Verkehr gestanden hatte, einer vom Reichskanzler Fürsten Bismarck, andere aus Oesterreich, aus Rußland, aus Amerika, durch telegraphische Anweisung begeisterter Verehrer aus weitester Ferne gespendet. Unter den Ehren= zeichen, die dem Sarge nachgetragen wurden, ragte außer

dem bayrischen Maximilians- und Kronenorden das Com=
thurkreuz des kaiserlich mexikanischen Ordens Unserer
lieben Frauen von Guadalupe hervor, das die unglückliche
Kaiserin Charlotte, eine treue Verehrerin des Dichters,
ihm in einer ihrer ersten Regentenhandlungen von jenseit
des Oceans gesandt hatte. Die Trauerrede am Grabe,
nach der Einsenkung, hielt ein Neffe des Dichters, Pastor
Lindenberg aus Russe bei Lübeck. Nicht enden wollte die
Reihe derjenigen, die mit Gebet, Segenswunsch oder
stummen Thränen die drei Schollen des letzten Abschieds
dumpftönend auf den Sarg des Dichters hinabrollen
ließen, über dem sich die Erde für immer schließen sollte.

Auch die Errichtung eines einfach würdigen Denk=
mals über der Grabstätte hat die Vaterstadt übernommen.
Damit aber ist die Ehrenpflicht gegen den Dichter noch nicht
erfüllt; auch nicht mit den schönen und erhebenden, aber
rasch verrauschten Festen, mit denen Schiller=Stiftungen,
literarische Vereine, Liedertafeln, innerhalb wie außerhalb
des Vaterlandes, sein Andenken geehrt haben. Es gilt,
ihm in der Vaterstadt, der altehrwürdigen Hansakönigin,
die er so sehr geliebt und in so vielfacher Weise ver=
herrlicht hat, ein dauerndes Denkmal in Erz oder Stein
zu errichten, das seine Gestalt und seine Züge treu der
Nachwelt überliefere. Nachdem daher schon wenige Tage
nach des Dichters Tode die Berliner Verlagsbuchhandlung

von Oscar Parrisius einen Aufruf an die deutschen Dichter
und Kritiker erlassen hatte zu gemeinsamer Herausgabe
eines Gedenkbuches an den Geschiedenen, dessen Reinertrag
dem Fonds eines in Lübeck zu errichtenden Geibel=Denkmals
zufließen sollte, und nachdem dies Buch in reicher Aus=
führung und trefflicher Ausstattung bereits im Anfang
des Sommers erschienen ist, haben sich jetzt, im De=
zember v. J., über 120 Notabilitäten jeder Art und
Verehrer des Dichters aus allen Gegenden des Vater=
landes, einzelne auch außerhalb Wohnende, zu einem
Aufrufe „zur Errichtung eines Denkmals für Emanuel
Geibel in seiner Vaterstadt Lübeck" vereinigt. Die kaiser=
liche Familie hat namhafte Beiträge gespendet, der Kaiser
mit einem anerkennenden Kabinetsschreiben; auch der
Kronprinz hat in einem Briefe, in dem er seine warme
Verehrung für den „hochbegabten, echt deutschen" Dichter
ausspricht, die gegebene Anregung „freudig begrüßt" und
seine Zuversicht ausgesprochen, „daß sie lauten Widerhall
finden werde". Der geschäftsführende Ausschuß tagt in
Lübeck unter Vorsitz des dortigen Bürgermeisters Dr. Behn;
hier im Reichslande hat sich ein Specialausschuß, be=
stehend aus Eingewanderten und Einheimischen, gebildet,
und unter Anderm zur Förderung der Angelegenheit diese
Vorlesungen veranstaltet.

Wenn ich diesem Ausschusse beigetreten bin, so habe

ich geglaubt, dazu berechtigt zu sein als Landsmann, als langjähriger Bekannter, ja als vertrauter Freund des Dichters, und eben dieser Umstand ermuthigt mich auch, hier eine aus lebendiger Anschauung gewonnene Schilderung seiner Persönlichkeit zu wagen. Wenn ich dabei mitunter von mir und meiner Familie werde sprechen müssen, bitte ich dafür aus dem angegebenen Grunde um Entschuldigung.

Das äußere Leben des Dichters ist einfach, schlicht und bescheiden gewesen, wie sein Wesen und sein Charakter es waren, nicht ohne schwere seelische und körperliche Leiden und hartes inneres Ringen, doch ohne jene romantischen Katastrophen oder wunderbaren Geisteswandlungen, wie sie bei außergewöhnlichen Männern nicht selten vorkommen und ein besonders lebhaftes Interesse zu erwecken pflegen. Am 18. Oktober 1815 als siebentes Kind eines reformirten Pfarrers in Lübeck geboren, besuchte er das dortige, als Gymnasiallehranstalt noch jetzt hochangesehene Catharineum, studirte von 1835—36 in Bonn, dann bis 1838 in Berlin Theologie und Philologie, allmählich zu letzterer ausschließlich sich hinneigend, und war von 1838 bis 1840 Hauslehrer beim Fürsten Katakazi, dem russischen Gesandten in Athen. Von 1840—52 lebte er, auf jede feste Anstellung verzichtend, um sich ganz der Dichtkunst widmen zu können, meist in Lübeck; doch wurde dieser Aufenthalt durch häufige, mit längeren Stationen ver-

bundene Reifen in verschiedene Gegenden Teutschlands und
Deutsch-Oesterreichs unterbrochen. Faft ein Jahr lang, von
Pfingften 1841—42, genoß er die Gaftfreundschaft des
Freiherrn Carl von der Malsburg auf Escheberg in Kur-
heffen, mit Studien der spanischen Sprache und Literatur,
zu denen ihn die Ordnung der dortigen Bibliothek ver-
anlaßte, beschäftigt. Dann wurde ihm seine freie künft-
lerische Exiftenz erleichtert durch eine jährliche Penfion
von 300 Thalern, die ihm König Friedrich Wilhelm IV,
durch den in Lübeck angesiedelten feinen Kunftkenner
Freiherrn von Rumohr auf die patriotischen Lieder des
Dichters aufmerksam gemacht, von Weihnacht 1842 an
auf Lebenszeit verlieh. 1843 war er mit Freiligrath in
St. Goar am Rhein; 1844 in Württemberg, dann wieder
in Lübeck. Von Johannis 1848 bis ebendort 1849 unter-
richtete er für meinen Vater, der Abgeordneter im Frankfurter Nationalparlament war, am Lübecker Catharineum:
Interpretation antiker Dichter und deutsche Literatur-
geschichte, für seine spätere Production nicht ohne Wich-
tigkeit. Die nächsten zwei Jahre genoß er meist den
Umgang oder die Gaftfreundschaft des Fürften von
Carolath-Beuthen, den er im Seebade Heringsdorf kennen
gelernt hatte und in deffen Hause er die Nichte und
spätere zweite Gemahlin des Fürften, Alma von Firds,
traf, die den mächtigften und nachhaltigften Einfluß auf

seine dichterische Entwicklung ausgeübt hat und ihm in unwandelbarer Freundschaft treu geblieben ist bis an seinen Tod. Unerwartet erhielt er dann im Januar 1852 vom Könige Max von Bayern, der selbst als Dilettant dichtete und Geibel aus seinen Werken schätzen gelernt hatte, den Ruf in eine Ehrenprofessur der Literatur= geschichte und Poetik an der Universität München, mit einem Anfangsgehalt von 800 fl. Geibel, der sich am 20. November 1851 mit der siebzehnjährigen Amanda (oder Ada) Trummer aus Lübeck, Tochter des Advokaten Trummer und der einst als Schauspielerin bekannten Caroline Kupfer verlobt hatte, nahm den Ruf an und las einige Jahre in München mit Eifer und Erfolg. Dort erhielt er auch, außer den oben erwähnten Orden, von dem Könige, der ihm stets gleich freundlich gesinnt blieb, den persönlichen Adel und dadurch eine entsprechende Stellung am Hofe. Als aber seine junge Frau nach Geburt eines Töchterchens zu kränkeln begann und ihm nach kaum dreijähriger Ehe, am 21. November 1855, durch den Tod entrissen ward, nahm ein Unterleibsleiden, an dem er in Folge einer verfehlten Cholerakur schon seit fast einem Jahrzehnt litt, eine Darmverengung, so zu, daß er um Erleichterung seiner Pflichten einkommen mußte, wenn er nicht ganz die Kraft und Muße zu dichterischer Produktion verlieren wollte. Mit großer

Liberalität gestattete ihm der König, die Sommersemester
stets fern von München zuzubringen. Bald aber gab der
Dichter auch die privatissime im Winter gelesenen Kollegien
über Metrik und Poetik auf und verweilte seit 1859
jährlich nur noch wenige Herbst = und Wintermonate in
München, um an den wissenschaftlich = ästhetischen Gesell =
schaftsabenden des Königs, den sog. Symposien, sowie den
Sitzungen des Maximiliansordens für Wissenschaft und
Kunst theilzunehmen. Hieran änderte auch der Thronwechsel
am 10. März 1864 nichts. Die freie Zeit aber verbrachte
der Dichter nach und nach fast ausschließlich wieder in Lübeck,
wohin ihn die Erinnerungen der Kindheit wie der Brautzeit
zogen. Im Oktober 1868 endlich löste er in Folge des
Konfliktes, in den seine preußisch = deutsche Gesinnung zu der
damals am bayrischen Hofe zeitweilig herrschenden particu =
laristischen Strömung gerathen war, seine Münchener Stel =
lung ganz, und erhielt zum Ersatz für sein dortiges, inzwischen
auf 1400 fl. gestiegenes Gehalt, vom preußischen Könige ein
jährliches Wartegeld von 1000 Thalern mit der Aussicht
auf eine erledigte Professur, an deren Antritt er freilich
bei seinen geschwächten Gesundheitsverhältnissen nicht mehr
denken konnte. Diese zwangen ihn auch, die wiederholten
ehrenvollen Einladungen und Anerbietungen des Groß =
herzogs von Sachsen = Weimar abzulehnen. Am 17. No =
vember desselben Jahres verlieh ihm dann seine Vaterstadt

das Ehrenbürgerrecht, das am 9. Dezember durch Fackelzug
und Festmahl gefeiert wurde, und von da an lebte er in
Lübeck, still und zurückgezogen, selten eine kleinere Reise
wagend, von seiner Nichte Bertha, der Tochter seines
Bruders Carl, gepflegt, da seine inzwischen herangewachsene
Tochter sich am 22. Mai 1872 in Lübeck selbst sehr glücklich
verheirathete. An sechs Enkeln, deren ältester nach ihm
Emanuel heißt, und an einer Enkelin, nach der Großmutter Ada genannt, konnte er sich noch erfreuen. Seine
ganze Kraft und Muße aber widmete er, soweit ihm die
zunehmende Krankheit es gestattete, der Dichtkunst, thätig
bis zum letzten Augenblicke, ein ernster, würdiger Priester
der Musen. Ein schweres Nerven- und Herzleiden, das
sich aus dem alten Uebel entwickelt hatte, setzte endlich,
nach etwa einjährigem Siechthum und wiederholten schlag-
artigen Anfällen seinem Leben ein Ziel. Die Glocken
des Palmsonntags, die er einst in einem seiner schönsten
Gedichte verherrlicht hatte, tönten, Frieden und Seligkeit
verkündend, über das Sterbelager des gottbegeisterten
Sängers hin.

Geibel hat das Glück gehabt, eine zu Weihnacht 1883
bei Cotta erschienene Gesammtausgabe seiner Werke in
acht Bänden noch selbst zu ordnen und vollendet zu
schauen. Gleichzeitig erlebten seine ersten Gedichte die
hundertste Auflage, wenn auch die von der Cottaschen

Buchhandlung vorbereitete kostbare Jubiläumsausgabe nur
noch auf seinen Sarg gelegt werden konnte. Geibel hat fünf
Bände lyrischer Gedichte veröffentlicht, reine und volle
Selbstbekenntnisse, welche die Erlebnisse, Gefühle, Anschau-
ungen und Bestrebungen seiner verschiedenen Lebensalter
aufs reichste und treuste wiederspiegeln: zuerst die „Gedichte", bei Alexander Duncker in Berlin 1840 erschienen
und später mit einem Liede Clara Kugler, der Gattin des bekannten Kunsthistorikers und Schwiegermutter Paul Heyse's,
gewidmet; dann die „Juniuslieder", schon bei Cotta
1848 gedruckt, so von ihm benannt in Gegensatz zu jenen
ersten, dem Mai des Lebens entsprossenen Liedern; ferner
die 1856 veröffentlichten und später der Fürstin Carolath
gewidmeten·„Neuen Gedichte", die, wie Dantes Vita
nuova, ein neues künstlerisch verschöntes Leben schildern
und mit dem kurzen Liebesglück seiner Ehe schließen, das
nur zu bald in Trauer und Tod untergehen sollte. So
führt denn der vierte Band 1864 bereits den Titel
„Gedichte und Gedenkblätter", voll männlich ernster
Betrachtungen und wehmüthiger Erinnerungen; und ihm
folgten, nach längerer Pause, 1877 die „Spätherbst-
blätter", daran mahnend, daß allgemach auch sein Lebens-
weg ins dürre, ins verwelkte Laub gerathen war, aber
eine reiche Nachlese älterer, inzwischen voll ausgereifter
Gedichte enthaltend und zeigend, daß, wie unter dem

vergilbten Weinlaube einzelne köstliche Trauben im be=
ginnenden Froste nur süßer auskochen, so auch in ihm
das herannahende Greisenalter noch manches feurige,
mächtige Lied zeitigen ließ. — Eine Anzahl religiös=
patriotischer Lieder hatte Geibel bereits 1842 unter dem
Titel „Zeitstimmen" bei Aschenfeldt in Lübeck erscheinen
lassen; seine gesammten politischen Dichtungen aber ver=
einigte er in den „Heroldsrufen" 1871 (bei Cotta), die,
einzig in ihrer Art, ihn auf der vollen Höhe seiner Zeit
und seines Ruhmes zeigen. Mit unerschütterlicher Treue
hatte er von früher Jugend an das Ideal des preußisch=
deutschen Kaiserthums, das, in ruhmvollen Kriegen ge=
gründet, in frommer, sittlicher, aber protestantisch freier
Gestaltung sich entwickeln sollte, festgehalten und sich durch
keinen Rückschlag, keine Enttäuschung, kein Parteigetriebe,
keine Leidenschaft der Gegenwart von der edlen großen,
unbefangenen, rein patriotischen Auffassung der jedes=
maligen Lage und allgemeinen Aufgabe des Vaterlandes,
noch von der unentwegten Hoffnung auf Erreichung des
Zieles abbringen lassen, so daß er bei jener Sammlung
nichts zu verschweigen, nichts zurückzunehmen, nichts hinzu=
zufügen hatte. Nicht nur, wie er selbst bescheiden sich
nennt, ein Herold, ein wahrer Prophet des deutschen
Reiches ist er gewesen, der mit gottgelöstem Auge die
Zukunft schaute und, wie die Glocke mit reinem Himmels=

klange aus der Höhe die Erdenschicksale widerhallt, so
seinerseits die tief innerste patriotische Bewegung jeder
Zeit bald wehmüthig klagenden, bald sehnsuchtsvoll an-
schwellenden, bald laut und wild hinstürmenden Klanges,
stets mächtig und melodisch zurücktönte.

Wenn so in die Lyrik Geibels Hauptthätigkeit auf-
ging und in ihr seine größte Kraft lag, so ist er doch
auch ein bedeutender Dramatiker gewesen, der wenigstens
einmal den von unserm Kaiser gestifteten großen drei-
jährigen Schiller-Preis für das schönste und wirksamste
deutsche Bühnenwerk erhalten hat. Schon 1844 erschien
bei Cotta die König Friedrich Wilhelm IV gewidmete
Tragödie „König Roderich“, den Untergang des spanischen Westgothenreichs durch die Araber schildernd, voll
lyrischer Schönheiten, aber noch ohne Bühnenerfahrung.
Im Jahre 1846 schrieb er für Mendelssohn den erst
1861 bei Rümpler in Hannover gedruckten und dem Andenken des Meisters gewidmeten dreiaktigen Text zur
Oper Loreley, bei weitem den schönsten Operntext, den
wir besitzen, dessen Composition aber durch Mendelssohns
jähen Tod im kräftigsten Mannesalter unvollendet blieb,
für den Dichter eine herbe Enttäuschung. Zwar haben
sich später manche andere Musiker an das Werk gewagt
und Max Bruchs Composition 1864 hat mehrere Aufführungen erlebt, aber dem Mendelssohnschen Torso ist

auch sie nicht nahe gekommen. Die Frucht von Geibels
eingehenden Docentenstudien und reicher in München er-
worbener Bühnenkenntniß war die 1857 bei Cotta erschienene „Brunhild", sein mächtigstes und gewaltigstes
Werk, in dem er seine an sich weiche Natur bis zur
äußersten ihm möglichen Grenze heroischer Kraft steigerte,
ein Werk, das bei guter Darstellung der Titelrolle, wie
durch die Janauschek und Bethge-Truhn, auf fast allen
größeren Bühnen Deutschlands bedeutenden Erfolg erzielt
hat. Noch vollendeter in der Anlage, feiner in der Durchführung und glänzender in der Sprache ist die Tragödie
„Sophonisbe", 1866 zuerst durch den Intendanten
Gustav zu Putlitz in Schwerin auf die Bühne gebracht
und 1870 mit einer Widmung an Letzteren gedruckt. Für
sie erhielt Geibel den Schiller-Preis und vom Großherzoge
von Mecklenburg-Schwerin die große goldene Medaille
für Kunst und Wissenschaft. Wenn auch der im kar-
thagischen Afrika gegen Ende des zweiten punischen Krieges
spielende Stoff uns ferner liegt, so hat sich das Stück
doch, besonders in der vollendeten Darstellung der Titelrolle durch die Otto-Martineck, als höchst bühnenwirksam
erwiesen und viele Aufführungen erlebt. — Ein kleineres
zweiactiges Lustspiel nach einer italienischen Novelle, in
der einem dicken Bildschnitzer eingeredet wird, er sei
eigentlich ein berühmter Componist, harmlos heiter, voll

leichter, feiner Scherze, doch nicht ohne tiefern psychologi-
schen Hintergrund, schrieb Geibel 1847, unter dem Titel
„Die Seelenwanderung", zu einer dilettantischen
Aufführung der Freunde unseres Kronprinzen für seines
Vaters, des damaligen Prinzen von Preußen, Geburtstag; eine Aufführung, die kurz vor den Märztagen 1848,
ohne Ahnung der bevorstehenden Katastrophe, wiederholt
wurde. Umgearbeitet erschien das Stück unter dem neuen
Titel „Meister Andrea" 1855 bei Cotta und wurde
am 13. Februar desselben Jahres unter Dingelstedts Leitung zuerst in München öffentlich aufgeführt, mit großem
Erfolg, der besonders der trefflichen Darstellung der Titelrolle durch Jost verdankt wurde. Bei jenen früheren
Aufführungen hatte der Kronprinz selbst den Anstifter
des lustigen Scherzes, den Maler Buffalmaco, gemacht.
Als letztes dichterisches Werk Geibels erschien noch 1882
zu Schwerin bei Hildebrand ein sogenanntes dramatisches
Sprichwort „Echtes Gold wird klar im Feuer",
einactig, eine Bühnenerinnerung aus dem Jahre 1871
enthaltend, den Verzicht einer Schauspielerin auf die
Liebe eines Prinzen zu Gunsten der Kunst, edel, fein
und von meisterhafter Durchführung.

Von den zahlreichen sonstigen Bühnenstoffen, die den
Dichter fast unablässig beschäftigten, hat er einige Scenen
„Heinrichs I des Vogelstellers" und das Vorspiel

der „Albigenser", die Jagd von Beziers, publicirt;
ebenso vier Lieder aus einer komischen Oper „Der
Rattenfänger". Reiche Scenare und einzelne Fragmente
müssen sich noch von vielen Trauer= und Lustspielen in
seinem Nachlasse finden, wie von „Alarich und Stilicho",
„Heinrich IV (von Deutschland)", „Constanze von Sizilien",
dem „falschen Woldemar", „Christian II von Dänemark",
von einem Lustspiel „Gudrun", einem Liederspiel „Der
deutsche Michel" u. s. w.

Größere Epen hat Geibel nicht zu Ende geführt: ihm
schwebte für das Epos der Gegenwart als Ideal Byrons
„Don Juan" vor, und er entwarf einen verwandten Plan
in seinem „Julian"; aber seine ganze Weltauffassung
und sein Charakter widerstrebten einer so scheulosen Zer=
gliederung und rücksichtslosen Darstellung menschlichen
Thuns und Empfindens, wie das moderne Epos sie ver=
langt, durchaus; auch fehlte ihm die breite Welterfahrung
und Anschauungsfülle, wie der unermüdlich sprudelnde
Witz und Humor des großen Britten. Die Ansätze und
einzelnen Versuche, wie der Berliner „Clotar", das
„Fragment" (vom Hamburger Brande), die russische
Geschichte „Valer und Anna" hat er unter die lyrischen
Gedichte gesteckt; ebenso die kleineren selbständigen epischen
Dichtungen, die ihm auf außerordentliche Weise glückten,
wie der „Morgenländische Mythus" aus 1001 Nacht,

2*

auch in besonderer illustrirter Prachtausgabe erschienen, das altnordische Lied von „König Sigurds Braut=fahrt", die neugriechische „Blutrache", das russische „Mädchen vom Don".

Der rastlose Fleiß und das ununterbrochene Streben nach Vervollkommnung des dichterischen Ausdrucks zeigt sich bei Geibel noch besonders darin, daß er die Zeiten, wo seine Muse durch körperliches oder seelisches Leid oder sonstige Unrast am selbständigen Schaffen verhindert war oder nach außerordentlichen Anstrengungen der Erholung bedurfte, zu poetischen Uebersetzungen mannigfacher Art be=nutzte. So hatte er schon 1839 in Athen mit seinem Freunde Ernst Curtius der Königin Amalie von Griechenland ein Heft „Classischer Studien" gewidmet, das 1840 in Bonn gedruckt ward. Die Frucht seiner Escheberger Studien waren die „Spanischen Volkslieder und Romanzen", 1843 bei Al. Duncker in Berlin erschienen und Freiligrath gewidmet. 1852 gab er dann mit Paul Heyse das reizende „Spanische Liederbuch" mit einem Anhang altprovençalischer Troubadourgesänge heraus. 1860 folgte der größere „Romanzero der Spanier und Portugiesen", gemeinsam mit einem andern Münchner Freunde, dem Dichter und Kunstkenner Adolf Friedrich Grafen von Schack, bearbeitet. Dann wandte er sich der französischen Lyrik zu, und publicirte mit dem

jüngeren Heinrich Leuthold 1862 „Fünf Bücher fran=
zösischer Lyrik vom Zeitalter der Revolution
an", zu denen die Gesammtausgabe eine Nachlese bis
hinab auf den jüngst in die Akademie aufgenommenen
Coppée bietet. Von den englischen Uebersetzungen aus
Milton, Byron, Tennyson, Thomas Hood, zu denen er
besonders durch einen Vortrag, den er bei einem Symposion
des Königs Max hielt, angeregt ward, ist kaum etwas
in die Oeffentlichkeit gedrungen. In seinen spätern Jahren
kehrte er zu den Uebersetzungen aus dem Alterthum zurück,
und das zuerst 1875 erschienene „Classische Lieder=
buch" hat in wiederholten Auflagen eine stets wachsende
Zahl geistvoll und in musterhafter Sprache wiedergegebener
griechischer und römischer Dichtungen gebracht. Als
Sammelwerk erschien 1862 unter Geibels Leitung das
„Münchener Dichterbuch", mit Beiträgen fast aller
damals dort lebender Dichter, besonders der jüngeren
Talente, die er in seinen Vorlesungen und in privater
Nachhülfe mit Liebe und Aufopferung herangezogen hatte,
ein ehrenvolles Denkmal des in der bayrischen Haupt=
stadt durch ihn geweckten poetischen Lebens. Der Plan
einer Wiederholung 1865 scheiterte an seiner immer länger
werdenden Abwesenheit von München und dem dadurch
beförderten Auseinandergehen des Dichterkreises, der in
dem berühmten „Club der Krokodile" seinen Mittelpunkt

hatte. — Ein großartiges Zeugniß der weisen Selbst=
beschränkung Geibels ist es, daß er keinerlei künstlerische
Prosa geschrieben hat, nicht einmal die kleinste Novelle,
auch keine Reise = oder Tagebuchskizzen, keine Feuilleton=
briefe oder =Artikel, keine Kritiken. Er wollte ein reiner
Dichter sein und verschmähte jede poetisch = prosaische
Zwitterform, wie denn selbst von seinen Dramen nur das
ursprünglich gar nicht zur Publication bestimmte Ge=
legenheitsgedicht „Meister Andrea" in Prosa geschrieben
ist. Auch behauptete er, die künstlerische Ausbildung der
ungebundenen Rede in seiner Jugend nicht hinreichend
gepflegt zu haben und daher nicht im Stande zu sein,
gute Prosa zu schreiben. Doch wird dies durch einzelne
Prosastücke, die er gezwungen verfaßte, wie den Brief
vom 19. Oktober 1860 an den König Ludwig II von
Bayern, in dem er seine Stellung kündigte, wie durch
manches Stück seiner Correspondenz widerlegt.

Was nun meine persönlichen Berührungen mit Geibel
betrifft, so sah ich ihn schon während meiner Schulzeit
1840—48 häufig im Hause meines Vaters, des Professors
am Catharineum, Stadtbibliothekars und hanseatischen
Geschichtsforschers Ernst Deecke, den er als Lehrer und
älteren Freund hochschätzte und nach seiner Rückkehr aus
Griechenland oft und gern besuchte. Der damals fünf=
undzwanzigjährige junge Mann war von hinreißender

Liebenswürdigkeit und wenn auch nicht so schön, wie
später Paul Heyse, doch anmuthig und interessant. Das
edelgeformte Antlitz mit regelmäßig gebildeter Nase war
umrahmt von einer Fülle kastanienbrauner, etwas ge-
lockter Haare, und dieselbe Farbe zeigte der dichte Knebel-
und Kinnbart, der den ausdrucksvollen Mund ein wenig
verdeckte; aber unter den buschigen, vorspringenden Brauen
blitzte ein leuchtend blaues Augenpaar hervor, kindlich
rein und treu, voll echter Herzensgüte, aber auch leicht
auflodernd in Zornesgluth und dann wahre Flammen
entsendend; denn Geibel war cholerischen Temperaments,
erregbar im höchsten Grade. Seine Gestalt war nicht
groß, aber ebenmäßig gebaut, mit kleinen Händen und
Füßen, elastisch in allen Bewegungen. Ich weiß noch,
wie er einmal in spätern Tagen auffuhr, als er treu-
herzig gesagt hatte: „Ja, in meiner Jugend, da war ich
ein Titane!“ und wir, im Hinblick auf seine nicht eben
große Gestalt, lächeln mußten. Daß er aber ursprünglich
von sehr kräftiger Constitution war, zeigt das fast vierzig-
jährige Ringen mit der furchtbaren Krankheit, die ihn
heimsuchte und erst nach schwerstem Todeskampfe über-
wand. Damals aber, in der Jugend, war er lebhaft
und feurig, gesellig und übermüthig. Er spielte mit
uns Knaben in Garten und Hinterhaus Räuber und
Soldat und Festungsstürmen; er saß sehr gern beim

Weine, sang mit kräftiger wohltönender Baritonstimme,
besonders Volkslieder, wie sie mein Vater sammelte und
auf dem Piano begleitete. Er las auch prächtig vor,
besonders seine eigenen Dichtungen, und unwiderstehlich
war sein Lachen, wenn es so recht aus Herzensgrunde,
voll inneren Wohlgefühls, hervortönte. Er konnte auch
gegen Damen sehr liebenswürdig sein, und wurde seiner=
seits oft durch ein Wort, einen Blick, eine Aufmerksamkeit
gewonnen. Als echter Dichter aber konnte er auch Wochen
lang die Einsamkeit aufsuchen und allen Umgang meiden;
gewaltsam herausgerissen, blieb er dann auch in Gesell=
schaft stumm und einsilbig und war nicht selten recht
unfreundlich, zumal wenn ihm unsympathische Personen
zugegen waren oder ihm sonst etwas nicht behagte, eine
Eigenthümlichkeit, die mit den Jahren, der Krankheit, den
Leiden zunahm und den Umgang mit ihm, außer für die
vertrauten Freunde, oft sehr erschwerte. Damals war er
noch dazu anfangs recht schwer getroffen durch den Bruch
seiner Jugendliebe. Geibel ist in Folge seines feurigen
Temperaments, seiner lebhaften Phantasie, seines guten
Herzens, wie wohl auch in Folge der ihm und seinem
Ruhme überall entgegengebrachten Verehrung und Hul=
digung oft genug verliebt gewesen, nicht selten mit
Leidenschaft, aber er pries es in seinem Alter als ein
besonderes Glück, daß er sich nie zu einer unedlen oder

unschönen Handlung habe hinreißen lassen, so daß er ohne
Reue mit reinem Gewissen auf seine Jugend zurückschauen
könne. Es liegt mir die Aufzeichnung einer Aeußerung
von ihm aus dem Jahre 1865 vor: „ihm sei bei der
Liebe, trotz aller Leidenschaft, die seelische Erregung alle=
mal das Ueberwiegende und Bestimmende gewesen: so sei
er vor Schuld bewahrt worden, und manches schwierige
Verhältniß habe sich später zur reinsten und innigsten
Freundschaft verklärt, die durch die Erinnerung an den
einstigen Rausch der Neigung und den in Selbstüber=
windung errungenen Sieg noch einen besonderen Zauber
bewahrt habe." Auch das mehrere Jahre wiederholte
vertraute Verhältniß zu einer schönen und vielgefeierten
Schauspielerin, das er als Wittwer hatte, gipfelte in der
versuchten Erweckung ihres schlummernden Talentes, wie
es Paul Heyse so schön in seinem „Kreisrichter" wieder=
gespiegelt hat. Zum ersten Male, erzählte Geibel, sei er,
wie Dante und andere berühmte Männer, schon in seinem
neunten Jahre verliebt gewesen, ohne sich natürlich seines
Gefühls bewußt zu werden. Nur erinnere er sich, daß
er, als die junge Dame, die bei seinen Eltern zum Be=
suche gewesen, Abschied genommen, er den Thürgriff
geküßt habe, auf dem ihre Hand zuletzt geruht. Ueber
seine Jugendliebe, der wir einen großen Theil seiner
schönsten Gedichte verdanken, erzählte er uns am 6. No=

vember 1863: „es sei an jenem Tage gerade dreißig
Jahre her, daß sie in ihm aufgeflammt sei. Schon einige
Tage vorher sei ihm, dem achtzehnjährigen, auf der Straße
ein schönes junges Mädchen begegnet, in grauem, blau=
seiden gefüttertem Mantel und braunem Velbelhut, blond
und blauäugig, von reizendem Gange, die einen solchen
Eindruck auf ihn gemacht, daß er die Nacht von ihr ge=
träumt habe, und daß er sie küsse. Als er dann am
6. November mit seiner Mutter bei Bekannten einen
Gratulationsbesuch zu einer Verlobung machte, öffnete
sich plötzlich die Thür, jenes junge Mädchen trat herein,
und es ergab sich, daß es die Schwester der Braut war.
„Wir Beide“, erzählte er, „wurden sogleich sehr verlegen
und plötzlich loderte in meiner Brust die erste Liebe in
voller Gluth empor, um nie wieder zu erlöschen. Von
einer Einladung, bald wiederzukommen, machte ich nach
einer Woche Gebrauch und ging am Abend hin. Die
Lampe brannte einsam im Gemach und am Fenster saß
auf einem erhöhten Tritt das Mädchen und wickelte Garn
ab. Bei meinem Eintritt aber leuchtete eine so glänzende
Freude über ihr Gesicht, daß ich erkannte, ich sei wieder=
geliebt. Nun begann eine selige Zeit.“ — Dies junge
Mädchen, die Muse seiner Jugend, war Cäcilie Watten=
bach, eine Schwester des Professors Wattenbach in Berlin
und Schwägerin des früheren Frankfurter und Hamburger

Gymnasialdirektors Johannes Classen. Geibel blieb, wie
er uns wiederholt versichert hat, dieser Liebe sieben Jahre
treu, während seiner ganzen Studenten= und griechischen
Zeit. Nicht diese Epoche der Trennung lebte daher in
seiner Erinnerung im hellsten Glanze, sondern jenes letzte
Jahr der Schulzeit. Als er aber 1840 heimkam, blieb das
entscheidende Wort, wie er in einem bekannten Gedichte so
rührend klagt, unausgesprochen. Er hatte der Geliebten
noch nichts zu bieten, ihn selbst lockte ein freies Dichter=
leben, ja er galt in den Augen der alten lübschen Bürger
fast als eine Art verlorenen Sohnes. Wenn er im
sammtnen Schnürrock mit rothem Fez summend durch die
Straßen zog, schüttelten sie hinter ihm her die Köpfe
und bedauerten den Vater, daß er an dem Sohne ein
solches Leid habe. Ja, noch in späterer Zeit, als der
Dichter schon so berühmt war, daß ein Rheder nach ihm
sein Schiff „Emanuel Geibel" nannte, soll bei der Taufe
desselben die Aeußerung gefallen sein: „Wat sall dat?
He is nix, he hätt nix und he makt nix!" Damals aber,
als er, noch gänzlich unberühmt, nach einem Verleger für
seine ersten Gedichte suchte, waren natürlich derjenigen,
die an seinen dichterischen Genius glaubten, wenige, und
besonders in der Vaterstadt, die ihn hatte aufwachsen sehen
wie andere Kinder und in der ja, nach altem Spruche,
der Prophet nichts gilt. Aber der junge Dichter quälte

sich auch selbst mit bangen Zweifeln, ob er seine Existenz auf sein Talent werde gründen können. Als daher die Familie der Geliebten seine Annäherungsversuche abwehrte und auch sie selbst ihm keine Aufmunterung zukommen ließ, zog er sich scheu zurück. „Dennoch", sagte er, „sei er wie zerschmettert gewesen, als in Folge eines Familien= rathes ihm formell angezeigt wurde, das Verhältniß gelte als abgebrochen." Lange konnte er sich von dem Schlage nicht erholen, dann aber strebte er aus der Heimath fort, und erst in Escheberg, wo ihn in reizender Umgebung die liebenswürdigste Gastlichkeit und die heiterste Gesellig= keit umfing und wo sich sein Schmerz in rührenden Liedern entlud, fand er die Gemüthsruhe und Heiterkeit, deren er zu seinen dichterischen Schöpfungen bedurfte, wieder, und die Anerkennung König Friedrich Wilhelms IV, die ihn der dringendsten Sorgen enthob, entschied ihn definitiv für den Dichterberuf. Die Escheberger Zeit lebte ihm daher als zweite Glanzzeit seiner Jugend in treuster Erinnerung, wie viele seiner Gedichte bis in die späteste Zeit hinein zeigen und wie er es uns noch im Dezember 1864 schrieb, als er mit inniger Freude in München eine Tochter jenes gastlichen Hauses, Henriette Gräfin Holnstein, angetroffen und alte Erinnerungen mit ihr ausgetauscht hatte. Cäcilie blieb unvermählt; sie siedelte später nach Heidelberg über und freute sich still an dem wachsenden

Ruhm des Geliebten. Nach 26 Jahren, am 11. und
13. April 1866, sahen sich die Beiden in Lübeck wieder
und erst jetzt konnten sie sich über das, was sie damals
getrennt hatte, aussprechen. Noch diese Begegnung regte
den Dichter sehr auf, aber da Cäcilie versicherte, ihm nie
gezürnt und sein Andenken stets heilig gehalten zu haben,
schieden sie voll versöhnt. Sie ist dann noch vor dem
Dichter gestorben.

In der zweiten Hälfte der vierziger Jahre kam Geibel
am häufigsten zu meinem Vater, in der Regel unan=
gemeldet, des Abends. Wir saßen dann meist zu dreien
in meines Vaters engem Arbeitszimmer um einen kleinen
am Fenster stehenden Tisch: er aß oft noch einen Bissen,
dann wurde Rheinwein aufgetragen und es hieß: „Nun,
Emanuel, was hast Du mitgebracht?" Dann las er
seine neusten Gedichte vor, bisweilen erst halb fertig,
sprach von seinen Plänen, seinen inneren Kämpfen, seinen
Reisen. Einen großen Theil der in den „Juniusliedern"
enthaltenen Lieder habe ich so aus erster frischer Hand
gehört, und meine Ehrfurcht und Begeisterung für den
Dichter war damals so groß, daß, als meine Mutter
mich, den Primaner, eines Abends aufforderte, in kleinem
Kreise ein paar Gedichte Geibels vorzulesen, ich mich
nicht dazu entschließen konnte, indem das lähmende Gefühl
mich überfiel: so wie sie gelesen werden müßten und wie

er selbst sie las, könne ich sie doch nicht lesen. Bisweilen
mußte auch mein Vater aus seinen eigenen Gedichten
vorlesen; zu Zeiten brachte Emanuel seinen jüngern
Bruder Conrad, einen tüchtigen Musiker, mit, oder es
wurde dieser und jener Freund geholt, wie der später
als hansischer Geschichtsforscher bekannt gewordene Pro-
fessor Mantels. Im Sommer saßen wir im Garten oder
im Gartensaal, in dem ein Piano stand, und es wurde
in die Wette gesungen und extemporirt, denn Letzteres
verstand Geibel meisterhaft, noch bis in späte Zeiten.
Er zwirbelte sich dann gewissermaßen die Verse aus
seinem Kinnbart heraus, oft höchst kunstvoll und mit
überraschenden Wendungen, zu lautem Jubel der Zuhörer.
So ist unter andern bei einer Gesellschaft im Hause des
Consuls Nölting in Lübeck das bekannte Lied „vom
lustigen Musikanten am Nil" entstanden. Nur selten
war Geibel oben im Salon in größerem Kreise, denn
schon damals wollte er es nicht leiden, wenn die Damen
beim Vorlesen seiner Gedichte Handarbeit machten oder
gar plauderten. In späterer Zeit konnte er dann recht
unartig und sogar grob werden, ja plötzlich abbrechen.
Vortrefflich las er classische Dramen mit vertheilten
Rollen, wozu sich in Lübeck stets ein erlesener Kreis
gefunden hat: dergleichen war stets ein weihevoller
Act und wurde sehr ernst genommen; besonders glänzend

las dabei seine spätere Schwiegermutter. Auch an den Schüleraufführungen, die wir damals unter Leitung des Directors Jacob hatten, betheiligte er sich: so an den „Fröschen" des Aristophanes und Jacobs Tragödie „Octavia". In vollem Sturm der Begeisterung aber war er 1847 bei dem großen norddeutschen, eigentlich schleswig-holsteinischen Sängerfest, und bei der kurz darauf in Lübeck stattfindenden Germanistenversammlung, auf der sich wirklich die damalige Elite der deutschen Geister traf, und oft später pries er, im Gegensatz zu den folgenden Jahren, jene Zeit als die der reinsten und edelsten politischen Hoffnungen und Bestrebungen, die ihn für viel Trauriges schadlos gehalten und für viel kommendes Leid gekräftigt habe. Ich werde nie den einen Abend vergessen, wo er damals mit einer Reihe bedeutender Männer bei uns war und sich in begeisterter, patriotischer Rede ergoß, die, wenn er hinreichend erregt war, ihm gewaltig vom Munde strömte.

Die folgenden Jahre, wo ich auf der Universität war, 1848—53, während der Carolather Zeit und seiner Ehe sah ich ihn nur selten, in den Ferien; auch später, als er verwittwet und ich noch unverheirathet war, trafen wir uns nicht oft, zumal er in dieser Zeit auch im Sommer nur vorübergehend in Lübeck und dann oft recht leidend und gedrückt war. Sein lebhafteres Interesse

erweckte ich erst, als ich ihm den Versuch einer Behand=
lung der Nibelungen in serbischen Trochäen gab. In
Folge der daran geknüpften Unterhaltungen und der er=
wachenden Erinnerungen wünschte er, wir möchten uns
häufiger sehen, er sei oft so einsam und ohne Anregung.
In der That waren damals trübe Zeiten für ihn. In
München lebte er wieder als Junggeselle im veröbeten
Hause; in Lübeck hatte er zwei einzelne Zimmer im Hause
der Räthin Durvi, der Großmutter des in den letzten
Reichstagsdebatten mehrfach erwähnten Generalkonsuls
Dr. Krauel, ohne eigene Wirthschaft. Die Mahlzeiten
nahm er bei seinem Schwager Dr. Reuter ein, in dem
kinderreichen Hause eines vielbeschäftigten Arztes, wo auch
sein Töchterchen aufs liebevollste untergebracht war.
Größere Geselligkeit verbot ihm sein körperliches Leiden:
nach fieberhaften, oft schlaflosen Nächten litt er Morgens
heftige Schmerzen, so daß er in der Regel bis Mittag
einsam bleiben mußte. Nachmittags holten wir uns dann
zu stundenlangen Spaziergängen ab, brachten auch wohl
einen Abend im Rathskeller oder auf der anmuthig vor
dem Thore gelegenen, von ihm in einem eigenen Ge=
dichte verherrlichten „Lachswehr" zu. Bei dieser Gelegen=
heit will ich einen weit verbreiteten Irrthum erwähnen,
als ob nämlich der große Erfolg seiner Dichtungen den
Dichter materiell günstig gestellt hätte. Auch in der Zeit

seines höchsten Ruhmes lebte er von den 1300 Thalern
Gehalt, die er vom Könige von Preußen bezog; der Er=
trag seiner sämmtlichen Werke reichte, wie er oft scherzend
sagte, nur gerade hin, um seinen Wein und einen ein=
fachen Sommeraufenthalt in Schwartau oder Travemünde
zu bezahlen. . Freilich war er sehr großmüthig gegen
nothleidende junge Talente und gab ganz im Stillen,
soviel er vermochte. Erst die Gesammtausgabe seiner
Werke brachte ihm ein sicheres Capital. Dennoch hat er
stets jede fremde Hülfe verschmäht und seinen Stolz darein
gesetzt, frei und unabhängig zu bleiben, ohne je zu dichten
oder zu schreiben um des bloßen Geldes willen. Wie
selten konnten sich Zeitschriften rühmen, einmal ein Ge=
dicht von ihm zu bringen! Er schickte nur, was er ge=
rade fertig hatte und für durchaus geeignet hielt, ja,
außer, wo er eine politische Wirkung beabsichtigte, eigentlich
nur aus Gefälligkeit. Aufforderungen zu Festgedichten
waren ihm durchweg peinlich und wurden meist abgelehnt.
Wo er sie dennoch versuchte, wie bei der hiesigen Uni=
versitätseröffnung, gelangen sie ihm nicht immer nach
Wunsch.

Intimer wurde unser Umgang erst, als ich selbst ihm
eine Häuslichkeit bieten konnte, in der er sich wohl fühlte.
In den Jahren 1863—69 sahen wir uns, solange er
in Lübeck war, fast täglich, oft zwei=, dreimal am Tage.

In der Regel sprach er schon bei seinem kleinen Vor-
mittags = Spaziergange ein; Nachmittags machten wir zu=
sammen einen längeren Gang, bei jedem Wind und Wetter;
zwei oder drei Nachmittage der Woche brachten wir ganz
zusammen im Freien zu; Abends um 10 Uhr pochte er
auch noch oft an unsere Fensterladen, kam auf unsern
Ruf herein und blieb in der Regel bis nach Mitternacht.
Außerdem hatten wir jede Woche einmal ein gemeinsames
Abendessen, in den ersten Jahren stets bei uns, wobei
er den Wein lieferte; später als er sich mit seiner Nichte
Bertha eine eigene schöne Häuslichkeit eingerichtet und
seine Tochter zu sich genommen hatte, abwechselnd bei
ihm und bei uns. Da wurde denn immer beiderseits
das neu Gedichtete vorgelesen, denn durch ihn angeregt
verstieg auch ich mich damals zu allen Arten Dichtungen,
bis zur Tragödie, die er stets mit großer Geduld und
vieler Milde anhörte, mich auch nicht zurückhielt, als ich
beim Abschied von Lübeck ein Bändchen „Heimathklänge"
herausgab. In jenen Jahren haben wir fast jedes ein=
zelne Stück der in den „Gedichten und Gedenkblättern"
enthaltenen Dichtungen entstehen sehen, durchgesprochen,
zuerst vorlesen hören. Nach der Handschrift meiner Frau
ist der ganze Band gedruckt. Viele Stoffe habe ich ihm
damals herbeigeschafft, antike, orientalische, nordische,
bretonische, denn ein Dichter ist immer „stoffhungrig";

zu den Oden und Distichen, zu den Ueberſetzungen aus
dem claſſiſchen Alterthum, zu den Erinnerungen aus
Griechenland gaben meine philologiſchen und literariſchen
Studien den Anſtoß; mit außerordentlichem Eifer ver=
folgten wir die Politik und erörterten alle Tagesfragen
in ſtundenlangen Geſprächen, bis ſich die Anſchauung der
augenblicklichen Lage des Vaterlandes in ihm zu einem
jener glänzenden Gedichte verklärte, die er wie Blitze in
die Welt hinausſchleuderte. In den mir vorliegenden
Notizen finde ich ſchon am 20. November 1863 die Be=
merkung: „Geibel kam Abends um 10 Uhr und die Herren
politiſirten eifrig, da ſie Beide leidenſchaftliche Verehrer
von Bismarck ſind, deſſen Anſichten und Pläne hier in
Lübeck und auch ſonſt nicht viel Sympathie finden. Geibel
ergeht ſich dann immer in den ſtärkſten Ausdrücken und
ſchilt auf die verblendeten Menſchen, die keinen politiſchen
Blick haben.“ Am 22. Auguſt 1865 heißt es: „Die
Politik war wieder die einzige Unterhaltung der Herren.
Geibel konnte nicht genug Bismarcks feine Schachzüge
bewundern, und immer wieder pries er ihn als den Retter
aus der politiſchen Miſère.“ Ja, am 26. Auguſt des=
ſelben Jahres 1865 prophezeite er: „in fünf Jahren
würde auch Lübeck preußiſch ſein!“

Die Erzählungen aus ſeiner Jugendzeit, zu denen
wir ihn anregten, bewogen ihn, ſeine alten Briefe und

3*

Papiere hervorzuholen, die Vergangenheit durchzudenken, aufzuzeichnen und zu ordnen. So entstand ein großer Theil des Materials, das er Carl Gödeke zu dem 1869 erschienenen ersten Theile der Biographie lieferte. Er war aber mit dieser vorzeitigen Publication nicht ganz einverstanden und begünstigte eine Fortsetzung nicht. Vielmehr bat er mich wiederholt, so am 3. April 1866 und 7. Mai 1867, ich möchte seine Erzählungen und Aeußerungen sammeln und nach seinem Tode seine Biographie schreiben. „Das könne überhaupt nur ein Lübecker, der genau den Boden kenne, auf dem er erwachsen sei.“ Ich hatte gerade damals die Biographien zweier Lübecker geschrieben, eines Kaufmanns von ungewöhnlicher Begabung, Fr. Voldemann, der sich um die Stadt vielfach verdient gemacht hatte, und des dichterisch wie literarisch hervorragenden Verfassers der „Eutiner Skizzen“ des Dr. med. von Bippen, des Gründers der Lübecker Schiller-Stiftung. Ich besitze denn auch, wie schon aus manchen oben gemachten Bemerkungen hervorgeht, eine große Reihe von Aufzeichnungen für ein Leben Geibels; aber mein Weggang aus der Vaterstadt 1870, die ich seitdem nur selten wiedersah, unterbrach die Notizen und ließ den Plan der Biographie in den Hintergrund treten.

In dieser zweiten Epoche unseres Zusammenlebens sah Geibel ungefähr so aus, wie ihn die bekannte Büste von

Pohlmann zeigt: graues Haar und Bart, ersteres weit
zurückgewichen, so daß die eigenthümlich gestaltete mächtige
Schädelform stark hervortrat; das Gesicht magerer, aber
doch gesund gefärbt; die Züge schärfer; der kräftige Mund
sichtbarer. Singen hörte ich ihn zum letzten Male an
seinem Geburtstage 1863, kurze Zeit vor dem Tode seines
Bruders Carl, der ihn nachhaltig tief erschütterte; die
Kunst des Vorlesens hatte er zu hoher Meisterschaft aus-
gebildet und ein mächtiger Klang, wie ein tief gemüth-
voller warmer Ton blieben ihm stets eigen. Mit den
Jahren wurde er immer peinlicher und sorgfältiger im
Ausarbeiten seiner Dichtungen. An der Sophonisbe hat
er sieben Jahre so zu sagen ununterbrochen gearbeitet und
gefeilt. Immer noch genügte er sich nicht und immer
änderte er: so auch noch nach den ersten Aufführungen.
Wie oft haben wir den ganzen Plan durchgesprochen und
jede Einzelheit immer und immer wieder erwogen! Für
das Colorit verschaffte ihm einer meiner Freunde Flauberts
Salambo; schöne karthagische und numidische Namen
mußte ich ihm aus Livius und Polybius und den In-
schriften zusammensuchen, ebenso ethnologische und kultur-
historische Züge. Wie gründlich er Aufbau und Aus-
führung betrieb, zeigt seine „Epistel über das Drama".
Dennoch räumte erst eine kühne Idee des bühnenerfahrenen
Fr. Halm, die Liebe der Sophonisbe zum Scipio be-

treffend, die letzten Bedenken des Dichters über die Bühnen=
fähigkeit des Stückes hinweg. Aber auch die lyrischen
Sachen wurden mit feinstem Kunstsinn langsam bedächtig
geschaffen. Er unterschied zwischen der Empfängniß der
Idee und der oft durch Wochen, Monate, Jahre davon
getrennten Geburt des Liedes; gelang ihm letztere nicht,
so legte er den Stoff für einen günstigeren Moment ge=
duldig wieder in eine seiner zahlreichen großen Mappen.
Packte ihn eine Idee mächtig, so kam es wohl vor, daß
er die ganze Nacht davon träumte. „Nun klingen“,
schreibt er einmal, „die Erinnerungen mir heute noch
immer nach und ich denke fast, sie werden sich mit nächstem
so oder so gestalten lassen. Ich will stille Wege in der
Sonne suchen und Abends Musik hören. Dabei bebrütet
sich ein unfertiger Stoff am besten.“ Ueber die Aus=
führung schreibt er an einer andern Stelle: „Sie kennen
ja meine Weise zu arbeiten, daß ich erst nur grundire,
dann übermale und zuletzt erst im Einzelnen ausführe.“
Seine Manuskripte zeigen, wie viel er in der Gestaltung
rang, bis jedes Lied, jeder Vers ein kleines formvollendetes
Juwel wurde. Er ging vollbewußt darauf aus, roman=
tisch=tiefes Gefühl und lebhafteste Anschauung mit antik=
Platenscher Klarheit und Formenschönheit zu verbinden,
und er war aufs festeste überzeugt, daß nur das Classische
dauernd auf die Nachwelt wirke d. h. dasjenige, bei dem

jeder sich sagen müsse: treffender und schöner hätte der
gleiche Inhalt nicht ausgedrückt werden können. „Saloppheit der Form oder bloß schillernder Farbenglanz“, meinte
er, „sicherten auch die genialsten Schöpfungen nicht vor
der Vergessenheit, wie das Schicksal der romantischen
Dichterschule zeige.“ Dabei wußte er sehr wohl, daß er
kein Dichter ersten Ranges sei, aber er wollte unter denen
zweiten Ranges einer der Ersten sein. Einer seiner hervorragendsten und liebenswürdigsten Charakterzüge war
seine aufrichtige tief innere Bescheidenheit. Wie grenzenlos war seine Ehrfurcht vor Goethe, Schiller, Shakespeare;
wie hoch stellte er Uhland, Heine, selbst Mörike, und
andererseits Grillparzer; „vor Hebbel als Dramatiker“,
rief er einst, „nehme ich den Hut ab!“ und er that es
wirklich. Wie bescheiden sprach er von sich Schiller
gegenüber, als er am 10. November 1863 im lübschen
Schillerverein den ersten Act der Sophonisbe vorlas.
Mir liegt eine Aufzeichnung vom 29. August 1865, nach
der Feier von Goethes Geburtstag, den wir immer festlich zusammen begingen, vor, worin es heißt: „Geibel
sprach sehr ernst und sagte, daß er sich oft schäme, so
wenig zu leisten, im Vergleich mit andern, großen Männern.“ Diese Bescheidenheit aber hinderte ihn nicht, ein
sehr entschiedenes, oft scharfes Urtheil über das zu fällen,
was ihm unschön, verfehlt oder gar verderblich schien.

Er haßte von Grund aus alles, was er „pathologische
Wirkung" nannte; schon Uhlands „Des Sängers Fluch",
G. Schwabs „Gewitter", manche Grauenerzählungen Cha-
missos gingen ihm über das erlaubte Maß hinaus. So
konnte er sich auch mit Richard Wagners Schöpfungen
durchaus nicht befreunden; doch dies freilich noch aus
einem andern Grunde. In einem Briefe vom 28. Dezember 1864 schreibt er: „Da Wagner mit seinen Ton-
werken eben noch etwas Anderes will, als Musik, so hat
er auch denjenigen, die für die eigentliche Seele der Musik
verschlossen sind, etwas zu bieten, das ihnen faßbarer dünkt,
als jenes selige Geheimniß, das nur die begreifen, denen
ein Gott den Sinn gelöst hat." Da ich stets ein begeisterter Anhänger Wagners gewesen bin, der schon vor
dreißig Jahren zu Gunsten des Meisters schrieb, so gab
es über diesen Punkt manchen Streit unter uns, doch
ohne unserer Freundschaft zu schaden. Er mäßigte sich
mir gegenüber stets auf eine wunderbare Weise. Denn in
jener seiner reifen Manneszeit war er keineswegs mehr der
sanfte, weiche, ergebene Charakter der ersten Jugendjahre.
Krankheit, Leid, Erfahrung hatten ihn gehärtet und sein
cholerisches Temperament verschärft. So edel, gut und
rein er war, und so unmöglich es für ihn blieb, einen
wahrhaft bösen Charakter auch nur poetisch zu gestalten,
oder wirklich nachhaltig zu grollen, so leicht wurde er

zornig und fuhr dann mit Donnerstimme und gewaltigen, oft recht derben Worten heraus, daß die Gläser klirrten und die Wände bebten; auch konnte er die Faust ballen, auf den Tisch schlagen, wild im Zimmer umherstürmen. Er genirte sich auch nicht, wenn ihn dieser Zorn auf der Straße überkam: er blieb dann stehen und schalt, daß die Vorübergehenden erstaunt aufschauten, besonders, wenn er so einer Dame den Text las. In den späteren Jahren sollen diese Anfälle sich gemehrt haben und ihm körperlich recht nachtheilig geworden sein. Auch nahm sein in den sechziger Jahren noch sehr vielseitiges Interesse, das die reichste und mannigfaltigste Unterhaltung ermöglichte, später allmählich ab und beschränkte sich mehr und mehr aufs dichterisch-literarische, politisch-patriotische und vater-städtisch-lübsche Gebiet.

Denn einer seiner schönsten Züge war wieder die tief innige Liebe zur Vaterstadt, die er sich immer wieder zum Wohnsitz auserkor und in jeder Weise verherrlicht und der Unsterblichkeit geweiht hat, die altehrwürdige Hansakönigin mit ihren hohen Kirchthürmen und mächtigem Glockenspiel, ihren giebelgeschmückten Straßen und flaggen-bewimpelten Schiffen, mit ihren schwanbelebten Wasser-flächen und blühenden Lindenalleen, mit ihren dichtgrünen Wäldern und ihrer See. Denn die See liebte er sehr, weit mehr als das Gebirge, das ihn beengte; sie weckte

stets wieder neu sein dichterisches Talent, und ihr Gewoge
hatte noch auf den Greis eine berauschende Wirkung.
Daher die vielen schönen Ostseelieder unter seinen Ge=
dichten von frühster bis spätester Zeit.

Wie aber der Natur, so war er auch den Menschen
ein treuer Freund. Man lese nur die zahlreichen Klänge
der Freundschaft bei seinem Tode, von Heyse, von Car=
rière, von Scherer, von Janssen, von Grosse, Groth,
Lingg, Dahn, Bodenstedt und so vielen Andern, von
denen ein großer Theil im oben erwähnten „Gedenkbuche"
gesammelt ist, und man wird gestehen, daß kein anderer
neuerer Dichter so treu geliebt, so innig verehrt, so neidlos
bewundert worden ist, wie er, und dergleichen beruht stets
auf Gegenseitigkeit. Zu seinem Geburtstage 1864 schrieb
ihm noch Freiligrath in alter herzlicher Weise; als er
1868 in München gekündigt hatte, kündigte auch Paul
Heyse freiwillig. Wie freute er sich, wenn er gute Freunde
einmal wiedersah und ihnen gefällig sein konnte! Es
war ihm zu gönnen, daß er für seine letzten zwanzig
Jahre eine so treue, aufopfernde, liebevolle, verständniß=
innige Pflegerin gefunden hat, wie seine Nichte Bertha
ihm gewesen ist. Mir liegt die Aufzeichnung einer
Aeußerung von ihm aus dem Jahre 1868 vor: „er
könne keine treuere Hand finden, die ihm seinen Lebens=
abend erleichtere."

Freilich, der Schmerz um die so früh entrissene jugendliche Gattin vernarbte nicht, und sie ist auch in der That von wundersamer Schönheit gewesen, wie das herrliche, zehn Jahre nach ihrem Tode von Correns gemalte Portrait zeigt. Auch Moritz Schwind hat sie in seinen Melusinenbildern und in den sieben Raben in der Gestalt der Muse verewigt. Sie war von Charakter sanft, still, zart, von tiefem feinem Gefühl und rührender Hingebung. Ihren Geburts- und Todestag pflegte er viele Jahre mit seiner Tochter Marie allein zu verbringen, ganz der Erinnerung hingegeben.

In den letzten Jahren änderte sich Geibels Aussehen noch einmal gänzlich. In Folge veränderter Kur wurde er stark, kein Zeichen von Gesundheit, wie ihn die letzte vielverbreitete Photographie zeigt, und er erhielt ein patriarchalisches Aussehen. Er mußte die heilsame tägliche Bewegung aufgeben und saß meist in halb ruhender Stellung. Zuletzt sah ich ihn im Herbst 1883 auf einem Gartenhause vor Lübeck und nahm von ihm im Herzen Abschied, tief betrübt und erschüttert. Wohl wissend, es sei das letzte Mal, daß ich ihn sah, bat ich ihn noch um eine verspätete Rose aus dem Garten, die ich als Andenken mitnahm. Einen Vers konnte er dazu nicht mehr finden.

Mit ihm ist nicht nur einer der größten Dichter,

sondern auch einer der edelsten Charaktere dieses Jahr=
hunderts dahingegangen: fromm und gottvertrauend, ohne
beschränkendes Dogma und falschen Heuchelschein; sittlich
ernst und rein; stets großdenkend; ein Patriot ersten
Ranges, dessen begeisterndes Wort die Jugend noch lange
für Kaiser und Reich, für deutsche Zucht und Art ent=
flammen wird; ein hehrer Priester der Kunst, der nur
Schönes schuf und nichts als Schönes schaffen wollte;
ein edler Bürger seiner Vaterstadt, ein treuer Freund,
ein ganzer Mann! Sein Andenken sei uns, sei seinem
Volke heilig!